35 Recetas para Bajar tu Presión Arterial:

Haz bajar tu reloj de presión en 7 días

Por

Joseph Correa

Nutricionista Deportivo Certificado

DERECHOS DE AUTOR

© 2016 Finibi Inc

Todos los derechos reservados

La reproducción o traducción total o parcial de este trabajo, más allá de los límites permitidos por la sección 107 o 108 del Acta de Derechos de 1976 de los Estados Unidos sin el permiso del propietario del Derecho es ilegal.

Esta publicación fue diseñada con el propósito de brindar información precisa y autorizada en relación con la temática tratada. El material se comercializa con el entendimiento de que ni el autor ni el editor se encuentran comprometidos en la prestación de asistencia médica. Si necesita asistencia o asesoramiento médico, consulte con un médico. El presente contenido constituye solo una guía y no debe utilizarse de ninguna manera que pudiera perjudicar su salud. Consulte con un profesional médico antes de comenzar cualquiera de las prácticas de meditación o visualización que se muestran a continuación, con el objeto de asegurarse de que son actividades saludables para ti.

AGRADECIMIENTOS

Este libro no podría haberse realizado sin el apoyo de mi familia.

35 Recetas para Bajar tu Presión Arterial:

Haz bajar tu reloj de presión en 7 días

Por

Joseph Correa

Nutricionista Deportivo Certificado

CONTENIDOS

Derechos de autor

Agradecimientos

Sobre el autor

Introducción

¿Qué es la hipertensión arterial?

¿Cómo manejas la presión arterial alta?

35 recetas para bajar la presión arterial alta: haz bajar tu presión en 7 días.

Otros grandes títulos de este autor

SOBRE EL AUTOR

Como nutricionista deportivo certificado y atleta profesional, creo firmemente que una nutrición adecuada le ayudará a alcanzar sus metas en forma rápida y eficaz. Mi conocimiento y experiencia me han ayudado a vivir más saludable durante todos estos años y lo he compartido con familiares y amigos. Cuanto más sepas acerca de comer y beber sanamente, más se modificarán tus hábitos alimenticios y de vida en general.

Tener éxito en el control de tu peso es importante porque mejorará todos los aspectos de tu vida.

La nutrición es una parte clave en el proceso de mejorar tus formas y eso es lo que trata el presente libro.

INTRODUCCIÓN

35 recetas para bajar la presión arterial alta te ayudará a mejorar tu estilo de vida y te permitirá incorporar alimentos que nunca habías pensado comer. Estas recetas dejarán que disfrutes del comer, gracias a la variedad de recetas y sus ingredientes especiales.

Estar demasiado ocupado para comer bien, a veces, puede convertirse en un problema y es por ello que este libro te ahorrará tiempo ayudándote a nutrir tu cuerpo para conseguir las metas que deseas. Asegúrate de saber realmente qué te encuentras comiendo, mediante una preparación propia o de alguien que cocine para ti.

Este libro te ayudará a:

- Bajar la presión arterial.

- Mejorar tu estilo de vida.

- Disfrutar de la comida que te gusta.

- Vivir más saludable diariamente.

- Mejorar tu sistema digestivo.

Joseph Correa es un nutricionista deportivo certificado y atleta profesional.

¿Qué es la hipertensión arterial?

La presión arterial consiste en la presión de la sangre sobre las paredes de las arterias. En circunstancias normales la presión arterial se eleva y cae durante todo el día. Sin embargo, cuando se mantiene elevada en el tiempo, se llama presión arterial alta.

El término médico para esta afección se denomina Hipertensión. Una presión arterial alta de 140/90 mmHg ya encaja con hipertensión, mientras que entre 120/80 mmHG y 139/89 mmHg es una alarma de que a futuro puede alcanzarse la hipertensión, si es que no se toman medidas. Existen factores de riesgo que no se pueden controlar, como la edad (hombres mayores de 55 y mujeres mayores de 65) o un historial de afecciones cardíacas tempranas. Si puede controlarse en una presión arterial elevada: diabetes, peso, actividad física, colesterol, tabaquismo, o lo que llamamos estilo de vida.

¿Cómo manejar la presión arterial alta?

Puesto que la presión arterial contribuye a la arterosclerosis, afecciones cardíacas, accidentes cerebrovasculares, enfermedades renales y ceguera, se convierte en imperativo el tratarla con eficacia mediante cambios en el estilo de vida y medicación apropiada. Tener una dieta adecuada es importante para el tratamiento de la presión arterial alta. Puede colaborar el perder peso y procurar un peso saludable, y obtener los minerales y vitaminas que tu cuerpo requiere para disminuir la presión arterial.

Por lo tanto, ¿Qué debes comer? Alimentos bajos en grasas saturadas y colesterol primordialmente. Obtener grasas saludables en pescados como salmón, nueces o aceite de oliva. Asegúrate de que tus comidas incluyan granos de trigo, aves, pescado, nueces, bajo contenido de grasas lácteas, carnes rojas altas en grasas, dulces y bebidas azucaradas. Una parte importante de la alimentación saludable es elegir alimentos con bajo contenido de sal y otros componentes con sodio. Evitar los sodios es clave para mantenerse saludable. Para quien posee medicación para controlar su presión arterial, la cantidad máxima recomendada para consumo es de 1 cucharadita de sal de mesa al día. De esta manera no deberás privarte de la sal, pero recuerda reducir al máximo posible y condimentar los alimentos con hierbas y especias.

Prueba las siguientes recetas y disfruta del plan de comidas que mantendrá tu presión arterial bajo control.

CALENDARIO DE ALIMENTOS

Semana 1:

Día 1:

Tortitas de arándanos y limón

Merienda: batido de frutas

Muslos de pollo asado con romero

Merienda: Taza de palomitas de maíz

Dal de lentejas con berenjenas

Día 2:

Tortilla de queso en fetas y tomate semiseco

Snack: Mix de cereales, frutos secos y chocolate

Guiso de carne de res

Merienda: Yogur de arándanos

Espagueti picante

Día 3:

Pan de banana

Snack: Tostadas con aguacate

Guiso de pollo

Merienda: Manzana doradas

Judías verdes y pasteles de maíz

Día 4:

Tostadas con pavo y aguacate

Snack: bocaditos energéticos

Minestrón

Snack: Espárragos a la plancha

Ensalada de queso azul y pera

Día 5:

Barras de granola

Merienda: Batido de leche de soja

Pollo al Curry con mantequilla de maní

Snack: Naranjas con canela

Tajín de verduras

Día 6:

Espárragos suaves a la parrilla y huevos

Snack: Barra seca de albaricoque

Ensalada de salmón y arroz

Merienda: Manzana y mantequilla de maní

Picante de quinua

Día 7:

Batido de desayuno

Snack: Garbanzos tostados

Pastel de carne

Merienda: Yogur griego con fresas

Risotto de Romero

Semana 2:

Día 1:

Verduras al horno con huevos

Merienda: Taza de palomitas de maíz

Espaguetis con sardinas

Merienda: batido de frutas

Ensalada de pomelo

Día 2:

Papilla cremosa

Merienda: Yogur de arándanos

Lubina al vapor con col

Snack: Mix de cereales, frutos secos y chocolate

Canelones de Tofu y espinacas

Día 3:

Tostadas con mostaza de hongos

Merienda: Manzana dorada a la plancha

Ensalada de pollo

Snack: Tostadas con aguacate

Polenta al horno

Día 4:

Muffins con frutas

Snack: Espárragos a la plancha

Salmón y espinacas

Snack: Bocaditos energéticos

Ensalada de lentejas y calabaza

Día 5:

Tortilla de queso en fetas y tomate seco

Snack: Naranjas con canela

Ensalada de atún

Snack: Batidos de leche de soja

Pastel de verduras

Día 6:

Tortitas de arándanos y limón

Manzana y mantequilla de maní

Guiso de carne de res

Snack: Barra seca de Albaricoque

Espagueti picante

Día 7:

Tostadas con pavo y aguacate

Merienda: Yogur griego fresa

Muslo de pollo asado con romero

Snack: Garbanzos tostados

Judías verdes y pasteles de maíz

Semana 3:

Día 1:

Pan de plátano

Merienda: batido de frutas

Ensalada de pollo

Snack: Mix de cereales, frutos secos y chocolate

Ensalada de pomelo

Día 2:

Espárragos suaves a la parrilla y huevos

Merienda: Taza de palomitas de maíz

Minestrone

Merienda: Yogur de arándanos

Dal de lentejas con berenjenas

Día 3:

Barras de granola

Merienda: Manzana, patatas fritas

Ratatouille de pollo

Snack: Espárragos a la plancha

Ensalada de queso azul y pera

Día 4:

Verduras al horno con huevos

Snack: Tostadas con aguacate

Ensalada de salmón y arroz

Snack: Bocaditos energéticos

Tajín de verduras

Día 5:

Batido de desayuno

Snack: Naranjas con canela

Pollo al Curry

Mantequilla de maní

Snack: Barra seca de Albaricoque

Picante de quinua

Día 6:

Tostada con mostaza de hongos

Merienda: Batido de leche de soja

Espaguetis con sardinas

Merienda: Manzana y mantequilla de maní

Polenta al horno

Día 7:

Papilla cremosa

Merienda: Yogur griego con fresa

Pastel de carne

Merienda: Taza de palomitas de maíz

Ensalada de pomelo

Semana 4:

Día 1:

Muffins con frutas

Snack: Garbanzos tostados

Ensalada de pollo

Merienda: batido de frutas

Risotto al Romero

Día 2:

Tortilla de queso en fetas con tomate seco

Snack: Mix de cereales, frutos secos y chocolate

Lubina al vapor con col

Merienda: Yogur de arándanos

Ensalada de lentejas y calabaza

Día 3:

Panqueques de limón y arándanos

Snack: Tostadas con aguacate

Ensalada de atún

Merienda: Manzanas doradas a la plancha

Canelones de Tofu y espinaca

Día 4:

Espárragos suaves a la parrilla y huevos

Snack: Bocaditos energéticos

Salmón y espinacas

Snack: Espárragos a la plancha

Espagueti picante

Día 5:

Pan de banana

Snack: Naranjas con canela

Muslos de pollo al romero

Merienda: Manzana y mantequilla de maní

Tajín de verduras

Día 6:

Tostadas con aguacate y pavo

Merienda: Batido de leche de soja

Ensalada de salmón y arroz

Snack: Barra seca de Albaricoque

Polenta al horno

Día 7:

Papilla cremosa

Merienda: Taza de palomitas de maíz

Guiso de carne de res

Merienda: Yogur de arándanos

Ensalada de queso azul y pera

2 días adicionales para completar el mes:

Día 1:

Verduras al horno con huevos

Snack: Garbanzos tostados

Lubina al vapor con col

Merienda: Yogur griego con fresas

Pastel de verduras

Día 2:

Batido de desayuno

Snack: Espárragos a la plancha

Ensalada de pollo

Merienda: Manzana y mantequilla de maní

Picante de quinua

35 RECETAS DE COMIDAS

DESAYUNOS

1. Tortitas de arándanos y limón

Disfruta de panqueques recién hechos que le darán a tu día un excelente comienzo. Para darle un toque picante agrega una cucharada de yogur descremado con una pizca de canela.

Ingredientes (7 crepes):

100g de harina de trigo integral

100ml de leche

1 huevo pequeño

40g de arándanos

½ limón (cáscara)

½ cucharadita de Crémor Tártaro

¼ cucharadita de bicarbonato de sodio

½ cucharadita de jarabe de oro

Mantequilla para cocinar

Tiempo de preparación: 10 min

Tiempo de cocción: 10 min

Preparación:

Mezclar la harina, el cremor tártaro y bicarbonato con un tenedor. Agregar la ½ cucharada de jarabe de oro junto a los ingredientes con la ralladura de limón y los arándanos.

Vierte la leche en una taza, agrega el huevo batiendo con un tenedor. Vierte la mayor
parte de la mezcla de leche en el bol con la mezcla de harina y mezcla bien con una espátula de goma. Continua añadiendo leche hasta conformar una mezcla espesa.

Calentar un poco de manteca en la sartén y luego agregar una cucharada de la mezcla por vez. Cuando comienzan a verse burbujas sobre los panqueques darlos vuelta con una espátula. Cocinar hasta dorar. Mantener los panqueques calientes hasta terminar la mezcla y luego servir.

Valor nutricional por panqueque: 69kcal, 2g de proteínas, carbohidratos 12g (1g de fibra,
2g de azúcar), 1g de grasa (1g saturada), 0,1 g de sal.

2. Tostadas con mostaza de hongos

Rico en nutrientes, especialmente vitamina C, este desayuno vegetariano y saludable se prepara en solo 10 minutos y es mucho más sabroso con una cucharada de queso crema saborizado con salsa de mostaza.

Ingredientes (2 porciones):

6 puñados de setas planas, en rodajas

3 cucharadas de queso crema light

4 cucharadas de leche descremada

2 cucharadas de aceite de colza

2 cucharadas de cebollín, picado

½ cucharada de mostaza integral

2 rebanadas de pan integral

300ml de jugo recién exprimido de naranja

Tiempo de preparación: 5 min

Tiempo de cocción: 5 min

Preparación:

Tostar el pan y untar con un poco de queso.

Calentar el aceite en una sartén antiadherente y cocinar las setas revolviendo frecuentemente. Cuando las setas estén blandas, añadir la leche, la mostaza y el queso restante revolviendo hasta que estén bien recubiertas.

Volcar la mezcla de champiñones sobre las tostadas, esparcir el cebollín sobre las mismas y servir con jugo.

Valor nutricional por porción: 231kcal, 13g de proteínas, carbohidratos 28g (4g de fibra, carbohidratos 16g), 7g de grasa (2g saturada), 0,1g de sal, calcio 10%, hierro 10%, magnesio 12%, vitamina C 14%, vitamina E 17%, vitamina K 14%, vitaminaB1 24%, vitamina B2 63%, vitamina B3 49%, vitamina B6 18%, Vitamina B9 20%.

3. Pan de banana

Bajo en grasa y alto en carbohidratos aumenta tu energía, este pan de banana es una opción saludable para el desayuno. Acompáñalo con un vaso de leche para agregar calcio en tu dieta para el fortalecimiento óseo.

Ingredientes (10 rodajas):

100g de harina leudante

140g de harina de trigo integral

300g de puré de bananas maduras

3 huevos grandes, batidos

150g de yogur natural descremado

4 cucharadas de jarabe de Agave

1 cucharadita de polvo de hornear

1 cucharadita de bicarbonato de sodio

Una pizca de sal

Materia grasa (para el recipiente) light.

Tiempo de preparación: 20 min

Tiempo de cocción: 1h y 15 min

Preparación:

Calentar el horno a 140C. Colocar el recipiente con grasa, (deja 2cm sobre la parte superior del recipiente).

Mezclar la harina, el polvo de hornear, el bicarbonato y una pizca de sal en un bol o tazón grande.

Mezclar los plátanos, los huevos, el yogur y el jarabe, revolviendo enérgicamente e integrando los ingredientes secos. Poner la mezcla en el recipiente y hornear durante 1 hora y quince minutos o hasta pinchar con un cuchillo y que salga limpio.

Cortar el pan de banana y servir caliente o a a temperatura ambiente.
Valor nutricional por rebanada: 145kcal, proteínas6g, carbohidratos 24g (3g de fibra, 9g de azúcar), 2g de grasa (1g saturada), 0,6g de sal, 11 % de vitamina B1 y 13 % de vitamina B9.

4. Espárragos suaves a la parrilla y huevos

Un desayuno rápido con una bocanada de vitamina K, es baja en grasas saturadas y rica en proteínas saciadoras. Servir junto a tostadas de pan integral para una dosis extra de energía.

Ingredientes (2 porciones):

2 huevos

10 espárragos

25g de pan rallado seco fino

1 cucharadita de aceite de oliva

Una pizca de chile

Una pizca de pimentón

Una pizca de sal marina

Tiempo de preparación: 10 min

Tiempo de cocción: 10 min

Preparación:

Calentar el aceite en una sartén antiadherente, añadir el pan rallado y freír hasta que quede crujiente y dorado. Sazonar con la sal marina y especias, luego déjalo enfriar.

Cocinar los espárragos en una olla grande con agua hirviendo hasta que estén tiernos. Al mismo tiempo hervir los huevos durante cuatro minutos.

Poner cada huevo en un recipiente para huevos sobre un plato, dividir los espárragos en tres grupos y esparcir las migajas sobre los mismos para servir.

Valor nutricional por porción: 186kcal, 12g de proteínas, c arbohidratos 12g (2g fibra, 3g de azúcar),
10g de grasa (2g saturada), 0,75g de sal, 18 % de hierro, 14 % vitamina A, 41 % de vitamina B1, 20% de vitamina B2, 28 % de vitamina K, vitamina B3 10%, Vitamina B9 18 %, vitamina B12 15%.

5. Desayuno licuado

Prueba con un licuado de frutas a primera hora de la mañana si deseas aumentar tus niveles de energía y vitaminas. La combinación de mango y fruta de la pasión conforman un suplemento con sabor exótico.

Ingredientes (2 porciones):

1 banana picada

1 mango pequeño, picado

3 frutas de la pasión

300ml de jugo recién exprimido de naranja

Cubitos de hielo

Tiempo de preparación: 5 min

Sin cocción.

Preparación:

Coloca la pulpa de los frutos de
la pasión en la licuadora, añade el mango, el jugo de naranja y el plátano, licuar hasta que
quede suave. Verter en 2 vasos y servir inmediatamente cubierto con cubitos de hielo.

Valor nutricional por porción: 175kcal, 3g de proteínas, carbohidratos 39g (4g de fibra,30g de azúcar), 0,05g de sal,

magnesio 12%, vitamina C 30%,
vitamina B1 14%, vitamina B2 10%, vitamina B6 22%,
Vitamina B9 20% .

6. Barritas de cereal

Prueba con una barra de cereales por la mañana si tienes poco tiempo antes del trabajo. Con 30g de carbohidratos por barra, podrás alcanzar tus requisitos de energía, y su paladar podrá disfrutar de la mezcla de semillas, frutas y cereales.

Ingredientes (6 barras):

100g de avena

50g de mantequilla, más extra para enmantecar

50g de semillas de girasol

25g de nueces picadas

25g de semillas de sésamo

50g de arándanos secos

50g de azúcar mascabada

1 ½ cucharadas de miel

½ cucharadita de canela

Tiempo de preparación: 15 min

Tiempo de cocción: 35 min

Preparación:

Calentar el horno a 140°C. Enmantecar la base de un molde para hornear.

Mezcla la avena con las nueces y semillas asadas en horno durante 5 minutos.
Caliente la mantequilla, el azúcar y la miel en una cacerola, revolviendo hasta que la mantequilla se haya derretido. Añadir la mezcla de avena, arándanos secos y canela, y mezclar hasta que la avena esté bien cubierta. Volcar en el molde, presionar ligeramente y hornear durante 30 minutos.

Dejar la mezcla enfriar en la lata y luego cortar en seis barras.

Valor nutricional por barra: 294kcal, carbohidratos 30g (fibra 3g, 17g de azúcar), grasas 17g (6g saturada), 0,15g de sal, hierro 10%, vitamina E 15%, 15% vitamina B1.

7. Verduras al horno con huevos

Las espinacas son famosas por su alto contenido en vitaminas K y es una gran opción para desayunar con huevos y tomates.

Puedes utilizar algunas escamas de chile para especiar.

Pan crujiente

Ingredientes (2 porciones):

2 huevos

200g de tomates picadas

50g de Espinacas

½ cucharadita chile en escamas

Tiempo de preparación: 5 min

Tiempo de cocción: 15 min

Preparación:

Calentar el horno a 180°C. Marchite las hojas de espinacas, exprima el
exceso de agua y dividir entre 2 recipientes pequeños. Mezclar los tomates con las escamas de Chile y

algunos condimentos opcionales y luego servir. Hacer un hueco en el centro de cada plato y romper un huevo. Hornear durante 15 minutos y servir.

Valor nutricional por porción: 114kcal, proteínas 9g, carbohidratos 3g (2g fibra, 1g de azúcar), 7g de grasa (2g saturada), 0,45 g de sal, 71% vitamina A, 33% de vitamina C, 150% vitamina K, vitamina B2 15%, 21% Vitamina B9.

8. Crema de avena

Entibia una fría mañana con esta papilla cremosa y saludable. Reemplazar el extracto de vainilla con un poco de canela para ensalzar y darle a la preparación con sabor a manzana un toque especial.

Ingredientes (3 raciones):

100g de avena

100g de arándanos frescos

500ml leche

1 ½ manzana en cubos

2 ½ cucharaditas café azúcar

½ cucharadita de extracto de vainilla

Tiempo de preparación: 5 min

Tiempo de cocción: 15 min

Preparación:

Cocinar las manzanas en una sartén con 50ml de agua hasta que se ablanden. Sube el fuego y agrega los arándanos, la mitad del azúcar hasta que haga burbujas.

Coloca la avena, la leche, la vainilla y el azúcar restante en un recipiente. Lleva a ebullición agitando constantemente y cocina a fuego lento durante 5 minutos hasta que esté cremosa. Divide entre los 3 tazones de fuente, con la fruta en la parte superior y luego sírvelo.

Valor nutricional por porción: 359kcal, 12g de proteínas, 53g carbohidratos (fibra 5g, 34g de azúcar), 9g de grasa (5g saturada), 0,2 g de sal, 21% de calcio, magnesio del 16%, 13% vitamina C, 23% vitamina B1, 22% vitamina B2, 12% vitamina B12.

9.   Magdalenas de fruta

Estos muffins reciben su nombre por una agradable mezcla de frutas secas y frescas, que se puede congelar por hasta 2 semanas sin perder el sabor. Combínalo con una taza de leche de almendras para una experiencia excepcional.

Ingredientes (6 muffins):

110g de harina de trigo integral

1 huevo grande

25g de mantequilla derretida

90ml de leche descremada

1 cucharadita de polvo de hornear

50 mlmiel clara

70g de albaricoques secos picados

70gpasas de uva

40g de Arándanos secos

70g de arándanos frescos

½ cucharadita de canela

½ cucharadita de ralladura de naranja

Tiempo de preparación: 10 min

Tiempo de cocción: 25 min

Preparación:

Precalentar el horno a 200°C. Enmantecar un molde de muffin de 6 hoyos.

Poner la harina y el polvo de hornear en un tazón. En otro bol, bate suavemente el huevo y agrega la mantequilla derretida, miel y leche. Añade la harina y revuelve, sin girar el líquido de mezcla. Vierte la mezcla en la bandeja de muffins y hornea durante 20-25 min hasta que se eleven y doren en la parte superior.

Dejar enfriar unos minutos y luego servir.

Valor nutricional por muffin: 243kcal, 5g de proteínas, carbohidratos 41g (2g de fibra, 10g de azúcar), 8g de grasa (3g saturada), 0,6 g de sal, 13% vitamina A, vitamina B1 11%, 10% de Vitamina B9.

10. Tostadas con aguacate y pavo

No te puedes perder un desayuno con aguacate. Los aguacates, ricos en grasas saludables con un pavo rico en proteína, te harán disfrutar de una comida con una suave textura con una rebanada de pan crujiente.

Ingredientes (2 porciones):

1 aguacate mediano, reducido a la mitad y pisado

2 rebanadas pequeñas de pan de chapata

100g de rebanadas de tocino de pavo de

½ limón (jugo)

Tiempo de preparación: 10 min

Tiempo de cocción: 5 min

Preparación:

Quitar la pulpa del aguacate en un recipiente, pisar, y preparar el puré con un tenedor.

Tostar el pan de chapata, extender el puré de palta, con Turquía y servir.

Valor nutricional por porción: 208kcal, 15g de proteínas, carbohidratos 12g (2g fibra, 1g de azúcar), 11g de grasa (2g saturada), 1,3 g de sal, 16% vitamina C, vitamina E, 26% y 10% 13% vitamina B6, vitamina K, 20% Vitamina B9.

11. Tortilla de queso en fetas y tomate seco

Una receta realmente rápida, simple, baja en calorías, es perfecta para comenzar un día productivo. Una pizca extra de sabor, utiliza tomates que han sido conservados en una mezcla de aceite de oliva y hierbas italianas.

Ingredientes (2 porciones):

4 huevos, ligeramente batidos

50g de queso de queso feta, desmenuzado

8 tomates semi secos, picados más o menos

1 cucharada de aceite de oliva

Ensalada mixta de hojas, para servir

Tiempo de preparación: 5 min

Tiempo de cocción: 5 min

Preparación:

Calentar el aceite en un sartén pequeño antiadherente, luego añadir los huevos y cocinar, Revolver con cuchara de madera. Cuando los huevos estén pegajosos en el medio, añadir los tomates y la fetas, luego doblar la tortilla por la mitad. Cocinar por 1 minuto y luego deslízala en un plato. Corte por la mitad, dividir entre 2 placas y servir con una mezcla de ensaladas.

Valor nutricional por porción: 300kcal, proteína 18g, 20g de grasa (saturada 7), 5g carbohidratos (1g de fibra, 4g de azúcar), 1,8 g de sal, calcio 15%, 22% vitamina D, 20% vitamina A, 15% vitamina C, vitamina B12 25%.

ALMUERZO

12. Muslos de pollo asado al romero.

Rico en proteína, un sabroso plato a la planchacon jugo de limón, patatas y un surtido de ingredientes que cubren un amplio abanico de vitaminas y minerales.

Ingredientes (2 porciones):

4 muslos de pollo

250g de patatas pequeñas, cortadas a la mitad.

1 Racimo grande de espárrago, descartando los extremos.

½, cabeza de ajo, con los dientes separados y pelados

½ limón

1 cucharadita de aceite de oliva

Un puñado deramitas de Romero

Una pizca de sal

Pimienta negra molida

Tiempo de preparación: 10 min

Tiempo de cocción: 45min

Preparación:

Calentar el horno a 180°C. Poner las papas, espárragos, ajos, sazonador (al gusto) y aceite en un gran asador. Exprima el limón

Por todo el plato y corta las rodajas de limón en trozos dejándolas allí. Mezcla todo, cubre el plato con papel de aluminio y ponlo a asar durante unos 15 minutos.

Retirar la hoja, añadir los muslos de pollo sazonados con una pizca de sal y mucha pimienta y luego asar por otros 30 min. Cuando el pollo esté crujiente y cocido y las patatas estén tiernas se dividen entre 2 porciones y se sirve.

Valor nutricional por porción: 509kcal, proteínas 30g carbohidratos 32g (6g de fibra, 5g de azúcar), 24g de grasa (6g saturada), 0,3 g de sal, hierro 14%, 14% magnesio, 48% vitamina A, 25% vitamina K, 15% vitamina B1, vitamina B2 15%, 34% de vitamina B3, 35% vitamina B6, 12% Vitamina B9.

13. Pastel de carne

Una excelente fuente de B12, este plato de carne picada con un contenido bajo en grasas y alto en proteínas te hará sentir satisfecho hasta la cena y también te dará la energía que necesitas la tarde entera.

Ingredientes (4 porciones):

500g de Picadillo de res extra magra

140g de setas bebé cortadas a la mitad

500ml de caldo de res

1 cebolla finamente picada

140g de harina leudante

4 cucharadas de yogur natural de bajo contenido en grasa

2 cucharadas de harina

140g dearvejas congeladas

1 cucharada de tomillo picado

Un poco de salsa Worcestershire batida.

Tiempo de preparación: 20 min

Tiempo de cocción: 50 min.

Preparación:

Calentar el horno a 160°C.

Calienta una sartén grande antiadherente sobre fuego alto y pon a freír la carne picada. Revuelve con frecuencia y cocina hasta que se dore. Añade los champiñones y la harina, luego el caldo de carne y salsa Worcestershire. A fuego lento y cocinando durante 10 minutos.

Mezcla la harina leudante y el tomillo en un bol. Agrega el yogurt y suficiente agua fría para formar una masa similar a la de scone. Corta las porciones sobre una superficie ligeramente enharinada. El espesor debe ser de unos 1,5 cm y los círculos deben ser aproximadamente de 12 x 5 cm.

Añadir los guisantes a la mezcla de carne picada de ternera, luego transferir a una fuente para horno. Colocar las porciones sobre la mezcla y hornear durante 25 minutos hasta que queden de un color oro marrón.

Divide en 4 platos y sírvelo.

Valor nutricional por porción: 349kcal, 35g de proteínas, carbohidratos 38g (fibra 4g, 5g de azúcar), 7g de grasa (3g saturada), 1g de sal, hierro del 31%, 13% magnesio, 15% 11% vitamina A vitamina C, 12% vitamina K, 38% vitamina B1, vitamina B2 38%, 55% vitamina B3, vitamina B6 30%, 31% de Vitamina B9, vitamina B12 de 48%.

14. Salmón y espinacas

Rico en ácidos grasos, omega 3 y proteínas de buena calidad, el salmón es la elección de pescado perfecto para un plato principal. Combínalo con espinacas y condimenta con abundante nata para lograr el almuerzo saludable que necesitas.

Ingredientes (2 porciones):

2 filetes de salmón sin piel

250g de Espinacas

2 cucharadas de nata reducida en grasas

1 cucharadita de alcaparras escurridas

1 cucharadita de aceite de oliva

½ limón (jugo)

2 cucharadas de perejil picado

Una pizca de sal marina

Pimienta negra a gusto

Tiempo de preparación: 5 min

Tiempo de cocción: 12 min

Preparación:

Calentar el aceite en una sartén, sazonar el salmón con un poco de sal y pimienta por ambos lados y freír por 4 minutos por cada lado hasta que la carne se desmenuce fácilmente. Apártalo en un plato.

Coloca las hojas de espinaca en la sartén caliente, luego cúbrelo y déjalo marchitarse por 1 minuto, coloca las espinacas sobre el plato con una cuchara, luego cubre con el salmón.

Calienta suavemente la nata en la sartén con un chorrito de zumo de limón, las alcaparras y el perejil. Ten cuidado de no dejarlo hervir. Vierte la salsa sobre el pescado y las espinacas, estará listo para servir.

Valor nutricional por porción: 321kcal, 32g de proteínas, carbohidratos 6g (3g de fibra, 3g de azúcar), 20g de grasa (5g saturada), 0,8 g de sal, calcio 14%, hierro 25%, 35% magnesio, 239% vitamina A, 58% 20% vitamina C vitamina E, 756% vitamina K, 24% vitamina B1, 20% vitamina B2, vitamina B3 de 61%, 26% vitamina B6, 80% vitamina B12.

15. Ratatouille de pollo

Una receta de pollo clásica, cuenta con proteínas de alta calidad y una mezcla de verduras que reúnen sabor y muchas vitaminas y minerales.

Ingredientes (2 porciones):

2 pechugas de pollo sin piel

½ berenjena pequeña, cortada en trozos

½ calabacín

1 cebolla pequeña, cortada en cuñas

2 tomates, cortados a la mitad

1 pimiento rojo, cortado en trozos

2 cucharadas de aceite de oliva, más extra para rociar

Unas ramitas de Romero

Una pizca de sal

Pimienta negra molida

Tiempo de preparación: 25 min

Tiempo de cocción: 35 min

Preparación:

Calentar el horno a 200°C. Coloca todas las verduras en una asadera poco profunda. Vierte sobre los vegetales el aceite de oliva y utiliza tus manos para cubrir todos los ingredientes.

Pon las pechugas de pollo sobre las verduras y agregar las ramitas de Romero. Sazona todo con sal y pimienta y salsea el pollo con un poco de aceite. Debes asarlo durante unos 35 minutos y luego servir.

Valor nutricional por porción: 318kcal, 37g de proteína, cangrejos 13g (4g de fibra), 14g de grasa (2g saturada), 0,25 g de sal, hierro de 11%, magnesio 20%, 60% vitamina A, 177% vitamina C, 20% 33% vitamina E vitamina K, 16% vitamina B1, 17% vitamina B2, vitamina B3 de 77%, 57% vitamina B6, 24% de Vitamina B9.

16. Ensalada de atún

Delicioso plato, tanto caliente como frío, esta ensalada de atún es una gran opción. Con una buena ración de vitamina B12, esta comida potenciará tu sistema inmunológico mientras disfrutarás de mucho sabor.

Ingredientes (4 porciones):

160g atún en agua, escurrido

300g de patatas pequeñas

175g de frijoles de soja congelados

175g de ejotes, cortados a la mitad

Un puñado de rúcula

Para la salsa:

2 cucharadas de aceite de oliva

1 cucharada de vinagre de vino tinto

2 cucharadas de pasta de harissa

Tiempo de preparación: 10 min

Tiempo de cocción: 15 min

Preparación:

Hervir las patatas hasta que queden tiernas. Añade las habas y cocinar por otros 5 minutos.

Bate la harissa y el vinagre en un tazón pequeño con un poco del condimento, luego batir en el aceite hasta que la salsa haya espesado.

Escurre bien las patatas, poner en medio de la preparación y dejar que se enfríen.

Desmenuza el atún y luego ponlo en las patatas. Agrega el aderezo restante y mezcla delicadamente. Divide entre 4 tazones y sirve cada porción.

Valor nutricional por porción: 211kcal, 15g de proteínas, carbohidratos 19g (4g fibra, 2g de azúcar), 9g de grasa (1g saturada), 0,15 g de sal, 11% de calcio, hierro 25%, 30% magnesio, 63% 37% vitamina C vitamina E, 28% 21% vitamina B1, 18% de vitamina B2, vitamina K, 64% de vitamina B3, 42% vitamina B6, Vitamina B9, de 72% 38% vitamina B12.

17. Carne de res guisada

Podría tomarte un tiempo para preparar este guiso delicioso, pero estan sabroso y suculento que definitivamente vale la pena. También puedespreparar un poco más y congelar.

Ingredientes (4 porciones):

500g de estofado de carne de res, cortado en trozos grandes

400 gr de tomates picados

1 cebolla, picada

200g de habas, enjuagadas y escurridas

1 cucharadita de pimentón dulce

1 cucharadita de comino molido

1 cucharadita de chile en polvo

1 cucharada de vinagre de vino blanco y rojo

1 cucharada de azúcar impalpable

Tiempo de preparación: 10 min

Tiempo de cocción: 3 horas

Preparación:

Calentar el horno a 140°C. Mezcla la carne vacuna, tomates, cebollas, vinagre, azúcar y especias en una cazuela. Cúbrelo y hornea durante 2 horas y media. Saca el plato del horno, agrega los frijoles y hornea durante 30 minutos más, mantén la tapa cerradapara que la cazuela sea jugosa y abierta si deseas mayor consistencia. Saca del horno cuando la carne esté tierna y sírvelo caliente.

Valor nutricional por porción: 341kcal, 42g de proteína, 18g carbohidratos (fibra 4g, 11g de azúcar), 12g de grasa (5g saturada) 0,95 g de sal 23% de hierro, 14% magnesio, 24% vitamina C, 10% vitamina B1, 11% vitamina B2, 43% vitamina B3, vitamina B6 40%, 22% vitamina B12.

18. Coles al vapor

La lubina negra es otro pez que se carga con los ácidos grasos omega 3. Junto con la col verde que trae un montón de vitaminas al preparado, este pescado es una gran y sabrosa opción de almuerzo.

Ingredientes (2 porciones):

2 filetes de lubina

300g decol verde finamente rallado

1 chile rojo, bien picado

2 dientes de ajo finamente rebanados

2 cucharaditas de aceite de oliva

1 cucharadita de jengibre de raíz fresca

1 cucharadita de aceite de sésamo

2 cucharaditas de salsa de soja baja en sodio

Una pizca de sal

Tiempo de preparación: 10 min

Tiempo de cocción: 10 min

Preparación:

Espolvorear el pescado con el jengibre, el Chile y sal. Hervir la col durante 5 minutos y luego poner el pescado encima de la col y cocer al vapor durante otros 5 minutos.

Calienta el aceite en una olla pequeña y cocina el ajo hasta que dore ligeramente.

Coloca el pescado y col sobre el recipiente y rocía con la salsa de soja. Vierte encima el aceite al ajo y sírvelo.

Valor nutricional por porción: 188kcal, 23g de proteínas, carbohidratos 11g (4g de fibra, 7g de azúcar), grasas 8g (1g saturada), 0,8 g de sal, magnesio del 16%, 92% vitamina C, 147% vitamina K, 15% vitamina B1, vitamina B2 12%, 11% vitamina B3, vitamina B6 35%, 13% Vitamina B9.

19. Minestrón

Prueba esta sopa de 15 min que es alta en energías debido a la pasta. El pesto y el agregado de queso parmesano lo harán sabroso y colorido.

Ingredientes (2 porciones):

500ml de caldo de verduras caliente

50g de espaguetis de trigo integral fino, roto en pedazos cortos

180g de verduras mixtas congelada

1 lata de tomate picado de 200g

2 cucharadas de pesto

Queso de parmesano - estilo vegetariano, rallado grueso para servir

Tiempo de preparación: 5 min

Tiempo de cocción: 10 min

Preparación:

Pon el caldo a hervir con los tomates, luego añadir los espaguetis y cocinar hasta que esté listo. Unos minutos antes de que la pasta esté lista, agrega las verduras y poner nuevamente a hervir, luego cocina a fuego lento hasta que todo esté a punto.

Rocía con el pesto, espolvorea con queso parmesano y sírvelo.

Valor nutricional por porción: 200kcal, 8g de proteínas, 5g de grasa, 30g carbohidratos (fibra 6g, 8g de azúcar), 0,55 g de sal,12% de hierro, vitamina de 18% 11% magnesio, 81% vitamina A, C.

20. Ensalada de pollo

Esta ensalada de pollo simple, es un buen ejemplo de una comida rápida que puedes cargar y llevar. La mezcla de verdes, pollo, aceite de pescado y azúcar es una mezcla fascinante.

Ingredientes (2 porciones):

2 pechugas de pollo sin piel

½ cebolla roja, finamente rebanada,

½ pepino, en rodajas

200g de mezcla de hojas de ensalada

2 cucharadas de salsa de pescado

1 cucharada de azúcar impalpable

1 ají picado y rebanadas delgadas

1 limón (ralladura y jugo)

Un gran puñado de cilantro picado

Tiempo de preparación: 10 min

Tiempo de cocción: 15 min

Preparación:

Cubre el pollo con agua fría, hierve y cocina durante 10 minutos. Cuando el pollo esté hecho, córtalo en fragmentos.

Mezcla la salsa de pescado, azúcar, jugo de limón y ralladura hasta que se disuelva el azúcar.

Divide las hojas y el cilantro entre las placas, con el pollo, cebolla, pimiento y pepino, para luego colocar encima el aderezo y sírvelo.

Valor nutricional por porción: 218kcal, 38g de proteínas, carbohidratos 12g (10g de fibra, 3g de azúcar), 2g de grasa, 11% de hierro, magnesio 14%, 149% vitamina A, 39% vitamina C, 232% vitamina K, 12% vitamina B1, 12% vitamina B2, 68% de vitamina B3, vitamina B6 de 38%, 13% Vitamina B9.

21. Espaguetis con sardinas

Las sardinas son deliciosas y ricas en vitamina B12. Combinadas con espaguetis y bañadas con una salsa de tomate al ajo, crean un buen balance de vitaminas, proteínas y carbohidratos. La infusión de energía ideal.

Ingredientes (2 porciones):

200g de espaguetis de trigo integral

95g de sardinas sin piel y sin espinas en salsa de tomate

1 x 100g lata de tomates picados

50g aceitunas negras, picadas medianas

1 diente de ajo machacado

1 cucharadita de alcaparras escurridas

1 cucharadita de aceite de oliva

Una pizca de hojuelas de Chile

Un puñado de perejil picado

Tiempo de preparación: 5 min

Tiempo de cocción: 15 min

Preparación:

Cocina los espaguetis según las instrucciones del paquete.

Calienta el aceite en una sartén y cocina el ajo por 1 minuto, añade las sardinas, tomates, escamas del Chile, revolviendo con una cuchara. Calienta 2-3 min y luego agrega las alcaparras, aceitunas y la mayoría del perejil. Mezcla bien.

Escurre la pasta, reserva unas cucharadas de agua. Añade la pasta a la salsa, mezcla bien y vierte en el agua reservada si la salsa queda un poco espesa. Divide entre 2 tazones, espolvorear con el resto del perejil y sírvelo.

Valor nutricional por porción: 495kcal, 21g de proteínas, 77g carbohidratos (fibra 5g, 5g de azúcar), 14g de grasa (2g saturada), 1,1 g de sal, calcio 15%, 18% de hierro, 18% de magnesio, 58% vitamina D 12% vitamina B2, 21% de vitamina B3, vitamina B6 10%, 70% vitamina B12.

22. Pollo al Curry con mantequilla de maní

Este curry de pollo es rico en vitamina B3 y proteínas de alta calidad. Sírvelocon arroz al vapor que va bien con la salsa de mantequilla de maní y aporta carbohidratos si los necesitas.

Ingredientes (2 porciones):

2 pechugas de pollo sin piel, cortadas en trozos

100g yogur griego

75ml de caldo de pollo

2 ½ cucharadas de mantequilla de maní

1 ají pimiento rojo, pequeño, picado

1 diente de ajo pequeño

¼ de un jengibre de raíz fresca de longitud del dedo, picado

1 cucharadita de aceite de oliva

Un manojo pequeño de cilantro, tallos de picado

Tiempo de preparación: 5 min

Tiempo de cocción: 15 min

Preparación:

Corta una cuarta parte de la pimienta del Chile, luego coloca el resto en un procesador de alimentos con el ajo, tallo de cilantro, 1/3 de las hojas y el jengibre. Hacer una pasta y añadir un chorrito de agua si fuese necesario.

Calienta el aceite en una sartén y dora rápidamente el pollo durante 1 minuto, mezclacon la pasta durante 1 minuto y añade el yogur, el caldo y la mantequilla de maní. Cocina por otros 10 minutos hasta que haya espesado la salsa y el pollo este cocinado por dentro.

Valor nutricional por porción: 358kcal, proteínas 43g, 4g carbohidratos (1g fibra, 3g de azúcar), 19g de grasa (6g saturada), 0,7 g de sal, magnesio 14%, 76% de vitamina B3, vitamina B6 de 36%.

23. Ensalada marrón de arroz y salmón

Una receta picante que tiene la combinación ideal de proteína magra, grasas saludables y carbohidratos de liberación lenta. La ensalada de salmón y arroz es alta en vitaminas y tiene un sabor oriental de soya.

Ingredientes (2 porciones):

1 filete de salmón sin piel

100g de arroz basmati marrón

100g de frijoles de soja (de los congelados)

2 cucharaditas de salsa de soja baja en sodio

1 pepino, cortado en dados

½ Chile rojo, picado

½ limón (ralladura y jugo)

Un pequeño manojo de cebolletas en rodajas

Un manojo pequeño de cilantro, picado más o menos

Tiempo de preparación: 15 min

Tiempo de cocción: 25 min

Preparación:

Cocina el arroz siguiendo las instrucciones del paquete, y 3 minutos antes de que se haga, añade las habas de soja. Escurre y enfría bajo un chorro de agua fría.

Pon el salmón en un plato y al microondas alto hasta que estén cocidas (aproximadamente 3 min). Primero del lado escamado y luego dóblalo suavemente, con las cebolletas, pepino, cilantro, arroz y frijoles.

Mezclar el jugo de limón y la ralladura, la soja y chile en un tazón separado, vierte sobre el plato de arroz y sírvelo.

Valor nutricional por porción: 497kcal, 34g de proteínas, 61g carbohidratos (5g de fibra, 6 g de azúcar), 15g de grasa (3g saturada), 1,5 g de sal, calcio 10%, 19% de hierro, magnesio 31%, 14% 24% vitamina A vitamina C, 146% vitamina K, 32% vitamina B1, vitamina B2 16%, 63% vitamina B3, 22% vitamina B6, Vitamina B9, de 49% 80% vitamina B12.

CENA

24. Lentejas con berenjenas

Una cena de vitaminas y fibra, las lentejas Dal con berenjena a la plancha componen una forma original de combinar variedad de verduras, condimentadas con especias de la india.

Ingredientes (2 porciones):

100g de lentejas enjuagadas

1 berenjena mediana, cortada en rodajas (2 cm)

1 cebolla mediana finamente rebanada

1 diente de ajo, finamente picado

3 cm de jengibre rallado

1 cucharada de pasta de Tamarindo

2 cucharadas de aceite de oliva

1 cucharadita de cúrcuma

1 cucharadita de curry en polvo

¼ cucharadita de sal

Una pizca de pimienta negra molida

Tiempo de preparación: 10 min

Tiempo de cocción: 25 min

Preparación:

Vierte 500 ml de agua sobre las lentejas, la pasta de tamarindo y la cúrcuma. Agrega un poco de sal y hierve hasta que quede suave, asegurándote de que a la capa superior se le formeespuma en la superficie.

Calienta 1 cucharada de aceite y cocina la cebolla, el jengibre y el ajo hasta que estén dorados. Añade el polvo de curry y cocina durante otros 2 minutos, vierte la mezcla de lentejas y cocina durante 10 minutos.

Calienta un sartén o plancha bien caliente. Frota 1 cucharada de aceite sobre las rodajas de berenjena y sazona con la pimienta negra y el resto de la sal. Cocina durante 2 minutos por cada lado. Coloca la mezcla de lentejas en un plato, encima las rodajas de berenjena a la plancha y sírvelo.

Valor nutricional por porción: 325kcal 15g de proteínas, carbohidratos 41g (7g de fibra, 10g de azúcar), 13g de grasa (1g saturada), 0,75 g de sal, 24% de hierro, magnesio 25%, 14% 23% vitamina E vitamina K, 36% vitamina B1, vitamina B2 12%, 14% de vitamina B3, 26% vitamina B6, 75% Vitamina B9.

25. Espagueti picante

Fácil de preparar, baja en grasa y rico en nutrientes mediante las verduras. Para un sabor más picante, utiliza el chile rojo a tu gusto.

Ingredientes (4 porciones):

300g de espaguetis de trigo integral

250g de setas de castañas en láminas

1 x 400 grs lata de tomates picados

1 diente de ajo, finamente rebanado

1 cebolla mediana, finamente picada

1 ramita de apio, finamente picado

½ Chile rojo, bien picado

2 cucharadas de aceite de oliva

Un manojo pequeño de perejil, (las hojas picadas)

Una pizca de sal

Tiempo de preparación: 10 minutos
Tiempo de cocción: 15 minutos

Preparación:

Cocina los espaguetis según las instrucciones en el paquete, luego escúrrelos.

Calienta 1 cucharada de aceite en una sartén, añade las setas y fríelas durante 3 minutos hasta que se ablanden. Añade el ajo, fríe por 1 minuto más y luego vuelca la mezcla en un cuenco con el perejil.

Calienta el resto del aceite, añade el apio y la cebolla y cocina por 5 minutos revolviendo junto a los tomates, ají y un poco de sal. Lleva a ebullición, reduce el calor y hierve durante 10 minutos, destapado, hasta que la salsa haya espesado.

Mezcla los espaguetis con la salsa con los champiñones y sírvelo.

Valor nutricional por porción: 346kcal, 12g de proteínas, 62g carbohidratos (fibra 5g, 7g de azúcar), grasas 7g (1g saturada), 0,35 g de sal, hierro 22%, 15% magnesio, 19% vitamina C, 10% 12% vitamina E vitamina K, 51% vitamina B1, 33% de vitamina B2, vitamina B3 de 40%, 11% vitamina B6, 49% Vitamina B9.

26. Canelos de tofu y espinacas

Esta sabrosa comida de tofu y espinaca es el mejor amigo de un vegetariano. Lleno de vitaminas y minerales, este plato es delicioso y sano, y tiene el valor añadido de congelarse.

Ingredientes (6 porciones):

300g de hojas de lasaña

350g de tofu sedoso

400g de Espinacas

2 x 400g latas de tomates picados

3 dientes de ajo finamente picados

1 cebolla grande picada

50g de piñones picado

4 cucharadas de pan rallado fresco

2 cucharadas de aceite de oliva

Una pizca de nuez moscada rallada

Pimientaal gusto

Tiempo de preparación: 25 minutos

Tiempo de cocción: 1 h

Preparación:

Calienta el aceite de oliva en una sartén, añade la cebolla y 1/3 de los ajos y fríelo hasta que se ablande. Vierte los tomates, pon a hervir, luego reduce el calor y cocina durante 10 minutos hasta que la salsa haya espesado.

Calienta el aceite restante y cocina otro 1/3 de los ajos durante 1 minuto, añadelas espinacas y piñones. Cocina hasta que las espinacas se ablanden luego quita el exceso de líquido.

Mezcla el tofu con una batidora hasta que quede suave y luego mezcla con las espinacas, nuez moscada y algo de pimienta. Retira del fuego y deja que se enfríe un poco.

Calienta el horno a 200 fan / gas 6. Vierte la mitad de la salsa de tomate en una fuente refractaria. Extiende las hojas de lasaña en un plato, divide la espinaca entre ellas luego ponlas para arriba y colocar sobre la salsa. Vierte encima la salsa restante y hornea por 30 minutos.

Mezcla las migas con el resto de los ajos y los piñones, espolvorea por encima del plato, rocíacon el aceite restante y hornea por 10 minutos hasta que las migas estén doradas. Sírvelo tibio.

Valor nutricional por porción: 284kcal, 13g de proteínas, carbohidratos 30g (4g de fibra, 6g de azúcar), 13g de grasa (2g saturada), 0,65 g de sal, calcio 25%, 30% de hierro, magnesio 29%, 129% vitamina A, 52% 19% vitamina C vitamina E, 417% vitamina K, 15% vitamina B1, vitamina B2 16%, 13% vitamina B3, 13% vitamina B6, 41% de Vitamina B9.

27. Judías verdes y pasteles de maíz

Prueba estos buñuelos vegetarianos hechos con cebollas, habas y maíz dulce. Sírveloacompañado de col, cremoso aguacate y salsa dulce para deleitar tu paladar

Ingredientes (2 porciones):

1 x 200gnúcleos de maíz dulce, cocidos y escurridos

25g de ejotes picados

50g de harina leudante

1 aguacate pequeño, cortado en dados

125g de mermelada de Chile Tracklemans

½ Chile rojo, picado finamente

1 huevo grande, batido

2 cebolletas, picadas

40ml de leche

½ limón (jugo)

1 cucharada de aceite de oliva

Un pequeño puñado de hojas de cilantro

Una pizca de sal

Una pizca de pimiento negra

Tiempo de preparación: 10 min

Tiempo de cocción: 10 min

Preparación:

Mezcla los huevos, la leche, el maíz dulce, las cebollas, los frijoles, laharina, el medio Chile, la mitad del cilantro y algunos condimentos en un tazón grande. Mezcla el aguacate con el resto del cilantro, ají y jugo de limón.

Calienta el aceite de oliva en una sartén antiadherente y pon una cucharada en 3 montones de la mezcla de maíz, un poco espaciados. Cuando dore por un lado, voltéalo y cocina por el otro durante 2 minutos, repetir con la masa restante. Servir las tortas calientes con la salsa de mermelada y ají de aguacate.

Valor nutricional por porción: 353kcal, 9g pro, 35g glúcidos (fibra 5g, azúcar 8g), 20g grasa (4g saturadas, 0,8 g de sal, 13% hierro, 17% vitamina C, 21% vitamina K, 18% vitamina B1, vitamina B2 16%, 16% vitamina B3, 13% vitamina B6, 38% Vitamina B9.

28. Risotto al romero

Da un giro interesante a una receta de risotto añadiendo las alcachofas, piñones tostados y una abundante ración de agujas de Romero para disfrutar de una cena con maravilloso sabor.

Ingredientes (2 porciones):

70g de arroz de risotto Arborio

200g alcachofas de lata en agua; escurridas y cortadas a la mitad

1 cebolla morada, rebanada en gajos delgados

1 pimiento rojo, cortado en trozos

75ml de vino blanco

400ml de caldo de verduras bajo en sal

1 cucharada de piñonestostados

1 cucharada de parmesano rallado

1 cucharadita de aceite de olive

1 cucharada de agujas de Romero

Una pizca de sal

Tiempo de preparación: 15 min

Tiempo de cocción: 35 min

Preparación:

Calienta el aceite en un wok. Cocina las cebollas a fuego medio durante 6-7 minutos hasta que se suavicen y doren. Añade los pimientos y el Romero y cocina durante otros 5 minutos, luego echa el arroz y revuele. Vierte el vino y la mitad de la preparación, pon a hervir, luego reduce al calor y hierve suavemente hasta que casi todo el líquido se absorba. Agregue el resto de la preparación y procedeigual que en el detalle anterior. Añade las alcachofas y cocina a fuego lento otra vez hasta que el arroz esté tierno.

Sazona con una pizca de sal, revuelve el queso parmesano y ½ de los piñones. Esparce encima los piñones restantes y sírvelo.

Valor nutricional por porción: 299kcal, 9g de proteínas, carbohidratos 44g (4g de fibra, 9g de azúcar), 10g de grasa (2gsaturated), 0,7 g de sal, magnesio 18%, 86% vitamina C, 11% vitamina K, vitamina B1 15%, 12% de vitamina B3, vitamina B6 20%.

29. Ensalada de queso azul y peras

Las jugosas peras, su sabor dulce con la robustez del queso azul y la vinagreta de miel hacen el contraste en esta fabulosa ensalada. Añade un puñado de hojas de rúcula que le darán color y vitaminas.

Ingredientes (2 porciones):

2 peras firmes, maduras, cortadas longitudinalmente en rodajas de 1 cm

75g queso azul desmenuzado

1 cucharada de aceite de oliva

1 cucharadita de miel

1 cucharaditavinagre de vino blanco

120g de hojas de ensaladas mixtas

Tiempo de preparación: 10 min

Tiempo de cocción: 15 min

Preparación:

Rocía las peras con un poco de aceite. Calienta una sartén o plancha, cocina las peras durante 1 minuto por cada lado y aparta y dejaenfriar.

Mezcla el resto del aceite, la miel y el vinagre. Mezcla las peras con el queso y las hojas, y luego dividir en 2 platos, rocía con el aderezo y sírvelo.

Valor nutricional por porción: 259kcal, 8g proteína, 24g carbohidratos (fibra 5g, 19g de azúcar), grasas 17g (8g saturada), 1,2 g de sal, calcio 20%, 13% vitamina A, 14% 31% vitamina C vitamina K, vitamina B2 11%, 11% Vitamina B9.

30. Polenta al honro

Este festival italiano de vitaminas y minerales es nutritivo y delicioso. Personaliza este plato según tu gusto combinando el queso de cabra con el queso azul, parmesano o Cheshire.

Ingredientes (4 porciones):

500g de polenta de cocción rápida

2 x 400g latas de tomates picados

100g de queso de cabra con corteza, roto en trozos

300g de espinacas frescas

3 dientes de ajo picados

1 cucharada de aceite de oliva

Una pizca de sal

Tiempo de preparación: 20 min

Tiempo de cocción: 20 min

Preparación:

Calentar el horno a 220°C y poner la olla a hervir. En un bol, mezclar los tomates con el ajo y sal, luego vierte en una fuente para hornear grande. Debes marchitar la espinaca, lego enjuaga con agua fría y exprime todo el líquido sobrante

Pica la espinaca en trozos medianos y la dispérsala sobre los tomates.

Corta la polenta y luego coloca las piezas encima de las espinacas. Rocía con el aceite y hornea durante unos 15 minutos dispersando el queso sobre lo preparado y volver a 5 minutos de horno, luego sírvelo caliente.

Valor nutricional por porción: 240kcal, 12g de proteínas, 26g carbohidratos (fibra 6g, 7g de azúcar), 10g de grasa (5g saturada), 1,6 g de sal, calcio 25%, 110% de hierro, 23% magnesio, 169% vitamina A, 61% vitamina C, 18% 462% vitamina E vitamina K, 11% vitamina B1, vitamina B2 28%, 12% de vitamina B3, 1% vitamina B6, 39% Vitamina B9.

31. Tajín de verduras

Saludable y completo, este plato vegetariano con garbanzos, calabacín y guisantes, es una mezcla que está coronada por una atrevida combinación de especias y una porción dulce dada por las pasas de uva.

Ingredientes (2 porciones):

200g de garbanzos enjuagados y escurridos

1 calabacín grande cortado en trozos

1 cebolla, picada

1 tomate, picado

150g arvejas congeladas

200ml de caldo de verduras

2 cucharadas de pasas

1 cucharada de aceite de oliva

¼ de cucharadita de tierra canela

¼ de cucharadita cilantro de tierra

¼ de cucharadita de comino molido

Cilantro picado, para servir

Tiempo de preparación: 10 min

Tiempo de cocción: 20 min

Preparación:

Calienta el aceite en una sartén y fríe la cebolla durante 5 minutos hasta que estén suaves. Añade las especias, el tomate, el calabacín, los garbanzos, las pasas y llevar a ebullición. Cubre y cocina a fuego lento durante 10 minutos, luego agrega los guisantes y cocina 5 min más espolvoreando con cilantro y estará listo para servir.

Valor nutricional por porción: 246kcal, 12g de proteínas, carbohidratos 36g (9g de fibra, azúcar 19g), 9g de grasa (1g saturada), 0,55 g de sal, 13% de hierro, magnesio de 21%, 44% vitamina K, 25% vitamina B1, vitamina B2 22%, 13% vitamina B3, 52% vitamina B6, 45% Vitamina B9.

32. Quínoa picante

La quinua o quínoa es una buena fuente de proteína vegetal y de agradable sabor, aquí con queso en fetas y almendras tostadas. Disfruta el plato picante con sabor a limón y la abundante cantidad de vitaminas y magnesio.

Ingredientes (2 porciones):

150g de quínoa enjuagada

50g de queso de queso feta desmenuzado

25g de almendras en copos tostadas

¼ de limón en forma de jugo

¼ de cucharadita de cúrcuma

½ cucharadita de cilantro molido

1 cucharadita de aceite de oliva

Un puñado de perejil picado más o menos

Tiempo de preparación: 10 min

Tiempo de cocción: 15 min

Preparación:

Calienta el aceite en una cacerola, añade las especias y fríe hasta que huela bien. Agrega la quinua y fríe por otro minuto hasta que puedas escuchar pequeños estallidos. Agrega 300 ml de agua hirviendo y hierve suavemente durante unos 10 minutos hasta que el agua se haya evaporado y los granos tengan un halo blanco alrededor de ellos. Permite que se enfríe un poco y luego remueve los ingredientes y estará listo para servir.

Valor nutricional por porción: 404kcal, 17g de proteínas, carbohidratos 44g (1g de fibra, 6 g de azúcar), 19g de grasa (4g saturada), 0,7 g de sal, 15% calcio, 19% de hierro, magnesio 37%, 11% vitamina E, 20% vitamina B1, vitamina B2 de 37%, 23% vitamina B6, 36% Vitamina B9.

33. Pastel de verduras

Prueba este pastel cargado de vitamina A aportado por una gran variedad de verduras. La corteza del puré de patatas es ingeniosa, mientras que el relleno es un verdadero placer.

Ingredientes (4 porciones):

900g de patatas cortadas en trozos

200g de arvejas congeladas

½ coliflor en ramitos

300g de zanahorias cortadas en bastones pequeños

1 x 400 grs lata de tomates picados

4 dientes de ajo finamente rebanados

2 cebollas en rodajas

200ml de leche

1 ramita de hojas de Romero finamente picado

1 cucharadita de harina

1 cucharada de aceite de oliva

Una pizca de sal

Tiempo de preparación: 15 min

Tiempo de cocción: 45 min

Preparación:

Calienta 1 cucharadita de aceite en un recipiente sobre fuego medio. Añade las cebollas y cocina hasta que se ablanden, luego agrega la harina y cocina durante otros 2 minutos y agrega la coliflor, las zanahorias, el ajo y el Romero. Cocina por 5 min, revolviendo regularmente.

Coloca el tomate y una taza de agua. Cubre con una tapa y cocina a fuego lento durante 10 minutos, luego retire la tapa y cocina otros diez minutos hasta que haya espesado la salsa y los vegetales estén cocidos. Condimenta, revuelve los guisantes y cocina un minuto más.

Hierve las patatas, escurre y triturarlas. Revuelve con suficiente leche para llegar a una consistencia suave y luego agrega el aceite de oliva restante.

Calienta la parrilla, con una cuchara mezcla la verdura (caliente) en un plato de pastel, con el puré de papas ponlo a dorar unos minutos hasta que la parte superior sea de marrón de oro. Sírvelo caliente.

Valor nutricional por porción: 388kcal, 15g de proteínas, 62g carbohidratos (11g de fibra, 18 gramos de azúcar), 8g de grasa (2g saturada), 0,3 g de sal, calcio 17%, 24%

hierro, 47% magnesio, 263% vitamina A, 51% vitamina K, 32% vitamina B1, vitamina B2 21%, 25% de vitamina B3, 55% vitamina B6, 34% Vitamina B9.

34. Ensalada de lentejas y calabaza

Esta ensalada vibrante se compone de una lata de lentejas y calabaza jugosa. El resultado es una ensalada alta en fibra que contiene el valor de más de un día de vitamina A, K y B9.

Ingredientes (2 porciones):

500g calabaza cortada en trozos

1 x 400g puede lentejas de Puy en agua y escurridas

50g de espinacas

70g tomatitos cortados a la mitad

1 diente de ajo, machacado

¼ cebolla morada en rebanada

20g de queso de Cheshire desmenuzado

1 cucharadita de hojas de tomillo

1 cucharadita de vinagre balsámico

½ cucharadita de mostaza integral

1 cucharada tostada de semillas de calabaza

1 cucharadita de aceite de oliva

Una pizca de sal

Tiempo de preparación: 10 min

Tiempo de cocción: 30 min

Preparación:

Calienta el horno a 180°C. Mezcla la calabaza con la mitad del aceite de oliva, un diente de ajo, condimento y hojas de tomillo en un recipiente para hornear y asar durante 25 minutos o hasta que estén tiernos.

Mezcla el vinagre, la mostaza, 1 cucharada de agua y el resto del aceite de oliva. Mezcla las lentejas con aliño, cebolla, tomates cherry y espinacas.

Divide las lentejasen dos platos, luego tapa con la calabaza, las semillas de calabaza y el queso de Cheshire y luego sírvelo.

Valor nutricional por porción: 304kcal, 15g de proteínas, carbohidratos 41g (13g de fibra, 15g de azúcar), 10g de grasa (3g saturada), 0,35 g de sal, calcio 17%, 67% de hierro, 42% magnesio, 610% 88% vitamina A vitamina C, 24% 166% vitamina E vitamina K, 27% vitamina B1, 24% de vitamina B2, 14% de vitamina B3, vitamina B6 35%, 119% Vitamina B9.

35. Ensalada de pomelo

Llénate de vitamina A y C de una ensalada de pomeloendulzada por el néctar de agave. Esta ensalada se hace rápidamente, y con el sabor a pistacho te dejará satisfecho y descansado.

Ingredientes (2 porciones):

1 toronja rosa mediana

1pomelo blanco mediano

1 cucharadita de pistachos, picados

1 cucharada de néctar de agave

Tiempo de preparación: 5 min

Sin cocinar

Preparación:

Corta el pomelo en gajos, eliminando la piel tanto como puedas. Divide los segmentos en dos tazones, agrégale los pistachos y el néctar de agave y sírvelo.

Valor nutricional por porción: 107kcal, 2g proteína, 21g carbohidratos (fibra 2g, 12g de azúcar), 1g de grasa, 56% vitamina A, 128% vitamina C.

APERITIVOS

1. Manzanas doraditas

Corta la manzana en hojuelas, luego colócalas en una placa para horno, espolvorear con canela y hornear por 45 min.

Valor nutricional: 90kcal, carbohidratos 25g (3g de fibra, 22g de azúcar), 14% de vitamina C.

2. Barra seca de albaricoque

Coloca 140g de puré de Albaricoques, con 150ml de agua hirviendo y 40g de avena en un procesador de alimentos. Pon 40g de pan disecado de coco con 25g de semillas de girasol y 1 cucharada de semillas de sésamo en una cacerola antiadherente a fuego lento, luego agrega los albaricoques con 15g arándanos secos y polvo de proteína de cáñamo (3 cucharadas), más 1 cucharada de semillas de chía. Has una pasta gruesa y enrolla sobre una larga hoja de film transparente y envuelva bien. Enfría y luego cortar 14 porciones.

Valor nutricional por rebanada: 78kcal, proteínas 3g, 8g carbohidratos (fibra 3g, 5g de azúcar), 4g de grasa (2g saturada).

3. Tostadas con aguacate

Tostar un pedazo pequeño de pan de trigo entero y luego cubrirlo con 50g de puré de palta y espolvorear con sal y pimienta.

Valor nutricional: 208kcal, 5g de proteínas, carbohidratos 28g (6g fibra, 2g de azúcar), 9g de grasa (1g saturada), 0,5 g de sal, 13% vitamina K, 13% Vitamina B9.

4. Batido de frutas

En una licuadora, mezcla ½ taza de arándanos, 1 taza de hojas de espinaca, ½ taza de yogur de griego bajo en grasa y ½ taza de piña y agua de coco.

Valor nutricional: 168kcal, 24g carbohidratos (fibra 3g, 8g de azúcar), 17g de proteínas, calcio 23%, 57% vitamina A, 73% vitamina C, 199% vitamina K, 16% Vitamina B9.

5. 5.Trail Mix

Mezclar las nueces (10g), con 10g de almendras y 30g de pasas.

Valor nutricional: 217kcal, 4g de proteínas, carbohidratos 25g (2g de fibra, 17g de azúcar), 13g de grasa (1g saturada), 10% magnesio.

6. Bocaditos energéticos

Mezcla 50g de albaricoques secos y 50g de cerezas secas en una batidora hasta que esté picado muy finamente. Vuelca en un bol y mezcla con 2 cucharaditas de aceite de coco. Forma la mezcla en bolitas de tamaño de una nuez y ruédalas en 1 cucharada de semillas de sésamo tostadas. Arma 6 bocaditos.

Valor nutricional por Pepita: 113kcal, 2g proteína, 21g carbohidratos (fibra 2g, 18g de azúcar), 3g de grasa (1g saturada).

7. Yogurt de arándanos

Mezcla 150g yogurt descremado con ½ taza de arándanos.

Valor nutricional: 136kcal, 8g de proteínas, carbohidratos 21g (2g de fibra, 18 gramos de azúcar), 3g de grasa (1g saturada), 27% calcio, 13% vitamina C, 18% de vitamina K, 21% vitamina B2, 13% vitamina B12.

8. Tazón de palomitas

Valor nutricional: 31kcal, 1g de proteínas, carbohidratos 6g (1g de fibra).

9. Manzana y mantequilla de maní

Cortar 1 manzana pequeña y coloca una cucharada de mantequilla de maníen cada pieza.

Valor nutricional: 189kcal, 4g de proteína, 28g carbohidratos (fibra 5g, 20g de azúcar), grasas 8g (1g saturada), 14% vitamina C, 14% de vitamina B3.

10. Garbanzos asados

Valor nutricional 50g: 96kcal, 4g de proteínas, carbohidratos 13g (4g fibra, 2g de azúcar), 3g grasa.

11. Yogurt griego de fresas

Mezclar 150g de yogur griego con 5 fresas medianas cortadas en mitades.

Valor nutricional: 150kcal, 11g de proteínas 10g carbohidratos (10g de azúcar), grasas 8g (5g saturada), calcio 10%, 60% de vitamina C.

12. Naranjas a la canela

Quitar la cáscara de una naranja y luego cortar la fruta en rodajas y añadir 1 cucharadita de jugo de naranja, 1 cucharadita de jugo de limón, ¼ de cucharadita de azúcar y una pizca de canela.

Valor nutricional por porción: 86kcal, 1g de proteínas, carbohidratos 22g (fibra 3g, 19g de azúcar), 116% vitamina C, 10% de Vitamina B9.

13. Espárragos grillados

Cocina 100g de espárragos en agua hirviendo durante 2 minutos, colar y luego mézclalo con un poco de aceite de oliva. Cocina los espárragos en la parrilla durante unos minutos y luego rocíalos con una pizca de mantequilla derretida y 1 cucharadita de almendras en copos tostadas.

Valor nutricional: 107kcal, proteínas 4g carbohidratos 4g (2g fibra, 2 g de azúcar), 9g de grasa (3g saturada), 0,1 g de sal, hierro del 12%, 15% vitamina A, 52% vitamina K, vitamina B1 10%, 13% Vitamina B9.

14. Batido de leche de soja

Mezcla ½ plátano con 125ml de leche de soja, ½ cucharadita de miel y un poco de nuez moscada rallado hasta que esté suave. Esparce 1 cucharada picada de avellanas encima del plato.

Valor nutricional por porción: 220kcal, 8g proteína, 24g carbohidratos (1g de fibra, 21g de azúcar), 10g de grasa (1g saturada), 0,2 g de sal, 14% vitamina B2, 11% vitamina B6.

OTROS GRANDES TÍTULOS DE ESTE AUTOR

35 Recetas de Cocina para Diabéticos

Por Joseph Correa

50 Jugos para Adelgazar

Por Joseph Correa

50 Batidos de Fisicoculturismo para Aumentar la Masa Muscular

Por Joseph Correa

www.ingramcontent.com/pod-product-compliance
Lightning Source LLC
Chambersburg PA
CBHW070153080526
44586CB00015B/1974